LE ROI
ET L'ERMITE.

LE ROI ET L'HERMITE.

ALPHABET
DU
ROI ET L'ERMITE,

CONTENANT :

1°. De grosses lettres, et les ba, be, bi, bo, bu, etc.;
2°. Les mots d'une, deux, trois, quatre, cinq, et six syllabes, le tout bien divisé ;
3°. De petites phrases instructives, divisées, pour faciliter les enfants à épeler, le tout en très-gros caractères.

DE L'IMPRIMERIE DE C.-F. PATRIS.

A PARIS,

Chez LOCARD et DAVI, Libraires, rue de Seine, faubourg Saint-Germain, n°. 54, et au Palais Royal, galerie de bois, n° 246, attenant au Cabinet littéraire.

1818.

(2)

A B C D
E F G H
I J K L
M N O P
Q R S T
U V X Y Z.

(3)

a b c d

e f g h

i j k l

m n o p

q r s t

u v x y z.

(4)

A	B	C	D
E	F	G	H
I	J	K	L
M	N	O	P
Q	R	S	T
U	V	X	Y	Z.

---

a	b	c	d	e
f	g	h	i	j
k	l	m	n	o
p	q	r	s	t
u	v	x	y	z.

Les lettres doubles.

æ	œ	fi	ffi
fi	ffi	fl	ffl
ff	fb	fl	ff
ft	w.		

PONCTUATION.

Apostrophe (') l'orage
Trait d'union (-) porte-feuille
Guillemet («)
Parenthèses ( )
Virgule (,)
Point et virgule (;)
Deux points (:)
Point (.)
Point d'interrogation (?)
Point d'exclamation (!)

Voyelles.

a e i ou y o u

Syllabes.

ba be bi bo bu
ca ce ci co cu
da de di do du
fa fe fi fo fu
ga ge gi go gu
ha he hi ho hu
ja je ji jo ju
ka ke ki ko ku

la	le	li	lo	lu
ma	me	mi	mo	mu
na	ne	ni	no	nu
pa	pe	pi	po	pu
qua	que	qui	quo	qu
ra	re	ri	ro	ru
sa	se	si	so	su
ta	te	ti	to	tu
va	ve	vi	vo	vu
xa	xe	xi	xo	xu
za	ze	zi	zo	zu

ab	eb	ib	ob	ub
ac	ec	ic	oc	uc
ad	ed	id	od	ud
af	ef	if	of	uf
ag	eg	ig	og	ug
ah	eh	ih	oh	uh
ak	ek	ik	ok	uk
al	el	il	ol	ul
am	em	im	om	um
an	en	in	on	un
ap	ep	ip	op	up
aq	eq	iq	oq	uq
ar	ir	er	or	ur
as	es	is	os	us

at	et	it	ot	ut
av	ev	iv	ov	uv
ax	ex	ix	ox	ux
az	ez	iz	oz	uz

bla	ble	bli	blo	blu
bra	bre	bri	bro	bru
cha	che	chi	cho	chu
cla	cle	cli	clo	clu
cra	cre	cri	cro	cru
dra	dre	dri	dro	dru
gla	gle	gli	glo	glu
gna	gne	gni	gno	gnu
gra	gre	gri	gro	gru
pha	phe	phi	pho	phu

pla ple pli plo plu
pra pre pri pro pru
tla tle tli tlo tlu
tra tre tri tro tru

Lettres accentuées.

é   (aigu)
à è ù   (graves)
â ê î ô û (circonflexes)
ë ï ü   (tréma)
ç   (cédille)

Pâ-té   Mè-re
Le-çon   Mê-me
Maî-tre   A-pô-tre
Hé-ro-ï-ne.

*Mots qui n'ont qu'un son,
ou qu'une syllabe.*

Pain	Vin
Chat	Rat
Four	Blé
Mort	Corps
Trop	Moins
Art	Eau
Marc	Veau
Champ	Pré
Vent	Dent
Vert	Rond.

Mots à deux sons, ou *deux syllabes à épeler.*

Pa-pa   Cou-teau
Ma-man Cor-don
Bal-lon Cor-beau
Bal-le   Cha-meau
Bou-le   Tau-reau
Chai-se Moi-neau
Poi-re   Ton-neau
Pom-me Mou-ton
Cou-sin Ver-tu
Gâ-teau Vi-ce

Mots à trois sons, ou trois syllabes à épeler.

Or-phe-lin
Scor-pi-on
Ou-vra-ge
Com-pli-ment
Nou-veau-té
Cou-tu-me
Mou-ve-ment
His-toi-re
Li-ber-té
Li-ma-çon

A-pô-tre
Vo-lail-le
Ci-trouil-le
Mé-moi-re
Car-na-ge
Ins-tru-ment
Su-a-ve
Fram-boi-se
Gui-mau-ve
U-sa-ge

Mots à quatre sons, ou *quatre syllabes à épeler*.

E-ga-le-ment
Phi-lo-so-phe
Pa-ti-en-ce
O-pi-ni-on
Con-clu-si-on
Zo-di-a-que
É-pi-lep-sie
Co-quil-la-ge
Di-a-lo-gue
Eu-cha-ris-tie.

Mots à cinq sons, ou *cinq syllabes à épeler*.

Na-tu-rel-le-ment
Cor-di-a-li-té
Ir-ré-sis-ti-ble
Cou-ra-geu-se-ment

In-con-vé-ni-ent
A-ca-ri-â-tre
In-do-ci-li-té
In-can-des-cen-ce
Ad-mi-ra-ble-ment
Cu-ri-o-si-té
I-ne-xo-ra-ble.

Mots à six sons, ou *six syllabes à épeler.*

In-con-si-dé-ré-ment
Per-fec-ti-bi-li-té
O-ri-gi-na-li-té
Ma-li-ci-eu-se-ment
As-so-ci-a-ti-on
Va-lé-tu-di-nai-re.

Phrases à épeler.

J'ai-me mon pa-pa.
Je ché-ris ma ma-man.
Mon frè-re est un bon gar-çon.
Ma sœur est bi-en ai-ma-ble.
Mon cou-sin m'a don-né un pe-tit se-rin.
Ma cou-si-ne m'a pro-mis un gâ-teau.
Grand pa-pa doit ap-por-ter un jeu-ne chi-en.
Gran-de ma-man me don-ne-ra pour é-tren-nes un che-val de car-ton.

J'i-rai de-main me pro-me-ner sur les bou-le-varts a-vec mes ca-ma-ra-des.

Thé-o-do-re a un beau cerf vo-lant a-vec le-quel je m'a-mu-se-rai bien.

La mai-son de ma tan-te à Vau-gi-rard est très-jo-lie. Il y a dans la cour un grand jeu de quil-les.

Mon on-cle Tho-mas a a-che-té un pe-tit é-cu-reuil, que je vou-drais bi-en a-voir pour me di-ver-tir.

Di-man-che je n'i-rai pas à l'é-co-le ; mon cou-sin Au-gus-te vi-en-dra me cher-cher pour al-ler à la pro-me-na-de.

Phrases à épeler.

Il n'y a qu'-un seul Di-eu qui gou-ver-ne le ci-el et la ter-re.

Ce Di-eu ré-com-pen-se les bons et pu-nit les mé-chants.

Les en-fants qui ne sont pas o-bé-is-sants, ne sont pas ai-més de Di-eu, ni de leurs pa-pas et ma-mans.

Il faut fai-re l'au-mô-ne aux pau-vres; car on doit a-voir pi-ti-é de son sem-bla-ble.

Un en-fant ba-bil-lard et rap-por-teur, est tou-jours re-bu-té par tous ses ca-ma-ra-des.

On ai-me les en-fants do-ci-les ; on leur don-ne des bon-bons.

Phrases à épeler.

Un en-fant doit ê-tre po-li.

Un en-fant bou-deur est ha-ï de tout le mon-de.

Un en-fant qui est hon-nê-te et qui a bon cœur, est ché-ri de tous ceux qui le con-nais-sent.

Le li-on est le roi des a-ni-maux.

L'ai-gle est le roi des oi-seaux.

Le lys est le roi des fleurs ; la ro-se en est la rei-ne.

L'or est le pre-mier des mé-taux ; il est le plus dur et le plus ra-re.

La ba-lei-ne est le plus gros des pois-sons de la mer.

Le bro-chet est un pois-son vo-ra-ce, qui dé-truit les au-tres pois-sons des ri-viè-res et des é-tangs.

L'hom-me a cinq sens, ou cinq ma-ni-è-res d'a-per-ce-voir ou de sen-tir ce qui l'en-vi-ron-ne.

Il voit a-vec les yeux.

Il en-tend par les o-reil-les.

Il goû-te a-vec la lan-gue.

Il flai-re ou res-pi-re les o-deurs a-vec le nez.

Il tou-che a-vec tout le corps, et prin-ci-pa-le-ment a-vec les mains.

Phrases à épeler.

Les qua-tre é-lé-ments qui com-po-sent no-tre

glo-be, sont : l'air, la ter-re, l'eau et le feu.

Sans air, l'hom-me ne peut res-pi-rer.

Sans la ter-re, l'hom-me ne peut man-ger.

Sans eau, l'hom-me ne peut boi-re.

Sans feu, l'hom-me ne peut se chauf-fer.

La ré-u-ni-on de ces qua-tre é-lé-ments est donc né-ces-saire à l'hom-me pour vi-vre.

C'est l'air a-gi-té qui pro-duit les vents, qui cau-se les o-ra-ges, les tem-pê-tes, et qui est la sour-ce de mil-le phé-no-mè-nes qui ar-ri-vent jour-nel-le-ment dans l'at-mos-phè-re.

C'est la ter-re qui pro-duit tou-tes les subs-tan-ces vé-gé-ta-les dont l'hom-me se nour-rit, ain-si que les a-ni-maux qui la cou-vrent; c'est au fond de la ter-re qu'on trou-ve le mar-bre, l'or, l'ar-gent, le fer et tous au-tres mé-taux.

LE ROI
ET L'ERMITE.

CONTE.

Un ermite, qui avait renoncé aux plaisirs du monde, menait dans la solitude une vie fort austère. Sa vertu fit tant de bruit dans le monde, que chaque jour on accourait de toutes parts à son ermitage, les uns par pure curiosité, les autres pour le consulter et lui demander des conseils.

Le roi du pays, qui était très-pieux et qui aimait les gens de bien, n'eut pas plutôt appris qu'il y avait dans son royaume un personnage si vertueux, qu'il désira le voir pour prendre ses conseils relativement à lui-même et au gouvernement de son royaume. A cet effet, sans en avertir personne, il monta un jour à cheval pour l'aller visiter; il lui fit un beau présent, et le pria de lui faire quelques exhortations dont il pût profiter. L'ermite, pour contenter le roi, lui dit: — Sire, Dieu a deux habitations, l'une périssable qui est le monde, et l'autre éternelle qui est le Paradis. Votre Majesté qui est généreuse, ne doit pas s'attacher aux biens de la terre, mais il faut qu'elle aspire aux trésors éternels, dont la moindre partie vaut mieux que toutes les principautés de l'univers. Essayez donc, sire, de vous rendre possesseur de ces biens éternels. — Par quel moyen les peut-on acquérir, demanda le roi ? — En assistant les pauvres, répondit l'ermite, en secourant les misérables. Tous les rois qui veulent jouir de ce repos éternel, doivent travailler à donner le repos temporel à leurs sujets.

Le roi fut si touché de ce discours, qu'il résolut de s'entretenir tous les jours avec ce bon ermite. Un jour qu'ils étaient ensemble dans l'ermitage, ils virent venir une troupe de gens qui demandaient justice avec des cris effroyables ; l'ermite les fit approcher, les interrogea avec douceur, et ayant appris leurs différends, les mit tous d'accord sans peine. Le roi admirant la conduite de cet ermite, le pria d'assister quelquefois à ses conseils, ce que l'ermite promit au roi, croyant pouvoir être utile aux pauvres et contribuer par ses conseils à faire rendre justice à ceux qu'on voulait rendre victimes de l'ambition des courtisans : il se trouvait donc souvent dans les assemblées, et le roi s'arrêtait toujours à son opinion ; enfin, il se rendit si nécessaire, que rien ne se faisait dans le royaume sans son avis. Ainsi l'ermite voyant que tout le monde lui faisait la cour, commença d'avoir bonne opinion de lui-même, et voulut tenir le rang de premier ministre. Pour cet effet, il eut un bel équipage et une grosse suite, il oublia ses austérités et ses oraisons, et, se regardant comme un homme nécessaire à l'État, il avait grand soin de sa personne; il était mollement couché et ne mangeait que des mets délicats. Le roi, qui d'ailleurs était assez content de l'ermite, le laissait vivre à sa fantaisie et se reposait sur lui du soin des affaires de son royaume. Un jour un ermite, ami de celui qui était à la cour, étant venu voir son confrère, avec qui souvent il avait passé les nuits en oraison, fut fort étonné de le voir environné d'un grand nombre de domestiques; néanmoins prenant patience, il attendit que la nuit eût obligé tout le monde de se retirer; alors, abordant l'ermite courtisan,

LE ROI

il lui dit : O mon cher ami, en quel état est-ce que je vous vois ! quel changement ! N'êtes-vous plus ce père Jérôme dont la réputation de sainteté était répandue à vingt lieues à la ronde de votre solitude ? L'ermite courtisan voulut s'excuser, en disant qu'il était obligé d'avoir un si grand train; mais son confrère, qui était un homme d'esprit et de jugement, s'écria : ces causes sont dictées par les sens. Je vois bien que l'éclat des honneurs et des richesses vous enchante. Séduit par la pompe des cours, vous avez tout oublié. Quel démon vous a détourné de vos prières ? Pourquoi, oubliant les devoirs d'une vie retirée, préférez-vous le bruit au silence, et le tumulte au repos ? Ne croyez pas, reprit l'ermite courtisan, que les affaires de la cour m'obligent de discontinuer mes pieux exercices. Vous vous trompez, répartit l'autre, de croire que vos prières puissent être exaucées en servant le monde, comme elles l'étaient dans le temps que le service divin faisait toute votre occupation. Vous le connaîtrez quelque jour, et vous vous en repentirez ; croyez-moi, brisez ces chaînes d'or qui vous attachent à la cour, et retournez dans votre solitude, autrement vous éprouverez la cruelle destinée de cet aveugle qui méprisa le conseil de son ami. Je vais vous conter cette aventure :

Deux hommes voyageaient ensemble, l'un des deux était aveugle. Un jour que la nuit les surprit dans la campagne, ils entrèrent dans un pré pour s'y reposer jusqu'au petit point du jour. Aussitôt qu'il parut, ils se levèrent, montèrent à cheval et continuèrent leur route. L'aveugle, au lieu de son fouet, avait ramassé un serpent qui était transi de froid; l'ayant entre les mains, il le trouva plus douillet que son fouet, ce qui le réjouit, s'imaginant qu'il avait gagné au change, c'est pourquoi il ne se mit pas en peine de ce qu'il avait perdu; mais lorsque le soleil commença de paraître, et par conséquent à éclairer les objets, son compagnon aperçut le serpent, et, faisant un grand cri, il dit à l'aveugle : ô ! camarade ! tu as pris un serpent au lieu de ton fouet, jette-le avant d'en recevoir de mortelles atteintes. Cet aveugle d'esprit aussi-bien que de corps, croyant que son ami ne parlait ainsi que parce qu'il avait envie d'avoir son fouet, lui répondit : êtes-vous jaloux de ma bonne fortune ? J'ai perdu mon fouet, qui ne valait plus rien, et le bon Dieu m'en a fait trouver un tout neuf; ne pensez pas, ajouta-t-il, que je sois si innocent, que je ne sache distinguer un serpent d'avec un fouet. Son ami se mit à rire et lui dit : camarade, je suis obligé, par les lois de l'amitié et de l'humanité, de vous avertir du péril où je vous vois; si vous voulez vivre, éloignez de vous ce serpent. L'aveugle, plus aigri que persuadé par ces paroles, répartit brusquement : pourquoi me pressez-vous de jeter une chose que vous voulez ramasser ? Son compagnon, pour le désabuser, jura que ce n'était point là son dessien, et je vous proteste, ajouta-t-il, que ce que vous tenez entre les mains est un serpent. Tous ces sermens furent inutiles, l'aveugle ne changea point d'opinion. Cependant le soleil s'élevait, et les rayons ayant peu à peu échauffé le serpent, il s'entortilla autour de son bras, et le mordit de manière qu'il lui donna la mort.

Ce discours sensé éveilla l'ermite courtisan du profond sommeil où il était ; il ouvrit les yeux sur les dangers qu'il courait à la cour, et regrettant le temps qu'il avait employé au service du monde, il passa la nuit à soupirer et à pleurer; mais le jour étant venu, les nouveaux honneurs qu'on lui rendit, détruisirent ses remords, il reprit le train des affaires, et devint injuste comme les gens du siècle. Un jour, il condamna à mort une personne qui, suivant les lois et la coutume, ne méritait pas de mourir. Après l'exécution de l'arrêt, sa conscience lui en fit des reproches qui troublèrent son repos pendant quelque temps : enfin les héritiers de la personne qu'il avait injustement condamnée, implorèrent la justice du roi, et obtinrent de lui la permission d'informer contre cet ermite, qu'ils accusaient d'injustice. Le conseil, sur les informations, ordonna que l'ermite souffrirait les mêmes supplices qu'il avait fait souffrir au défunt. L'ermite

LE ROI ET L'ERMITE.

employa inutilement son crédit et ses richesses pour sauver sa vie; l'arrêt de mort fut exécuté.

   Les richesses et les grandeurs
   Dans tous les temps changent les mœurs.
   Heureux qui, dans la solitude,
   Des vertus fait sa seule étude !

FIN DU ROI ET DE L'ERMITE.

www.ingramcontent.com/pod-product-compliance
Lightning Source LLC
Chambersburg PA
CBHW061006050426
42453CB00009B/1290